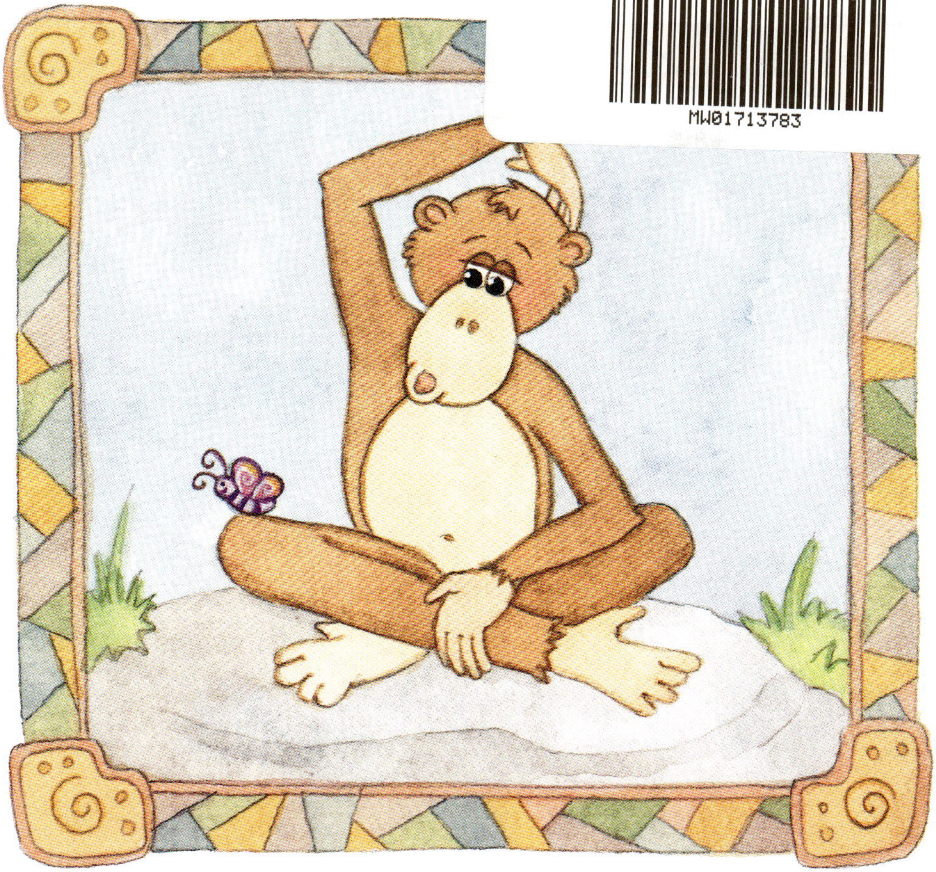

It is on a 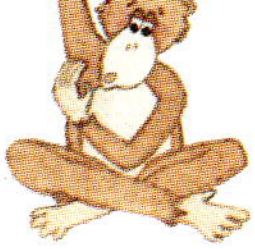.

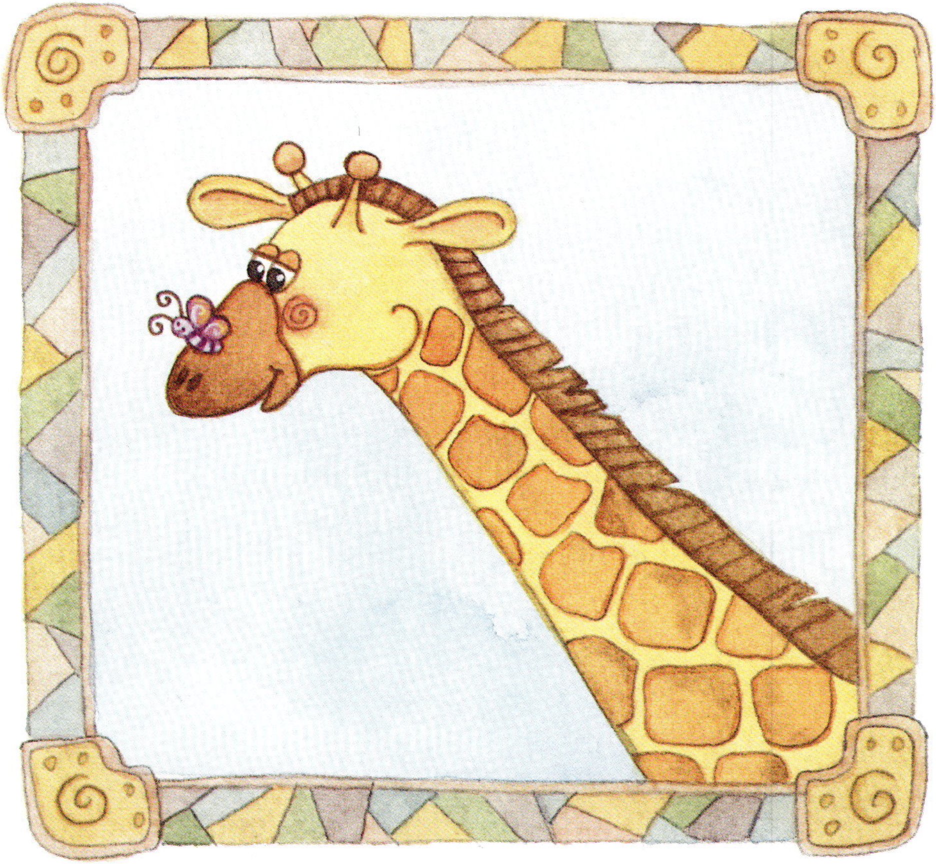

It is on a 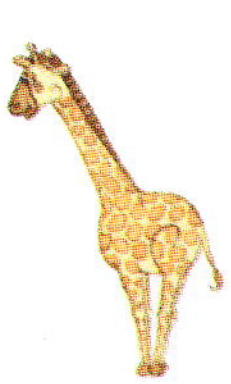 .

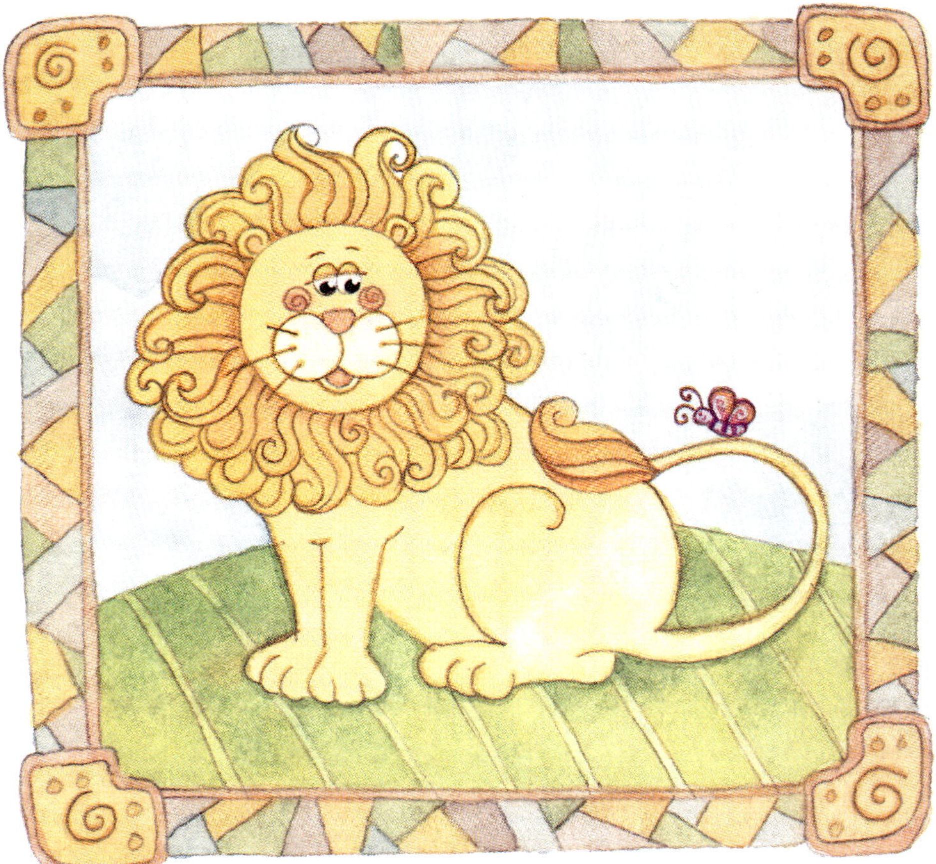

It is on a 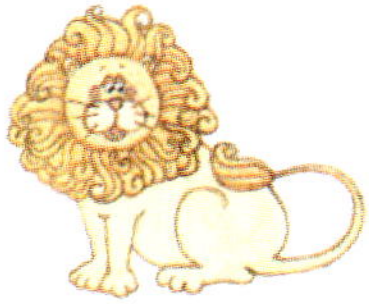 .

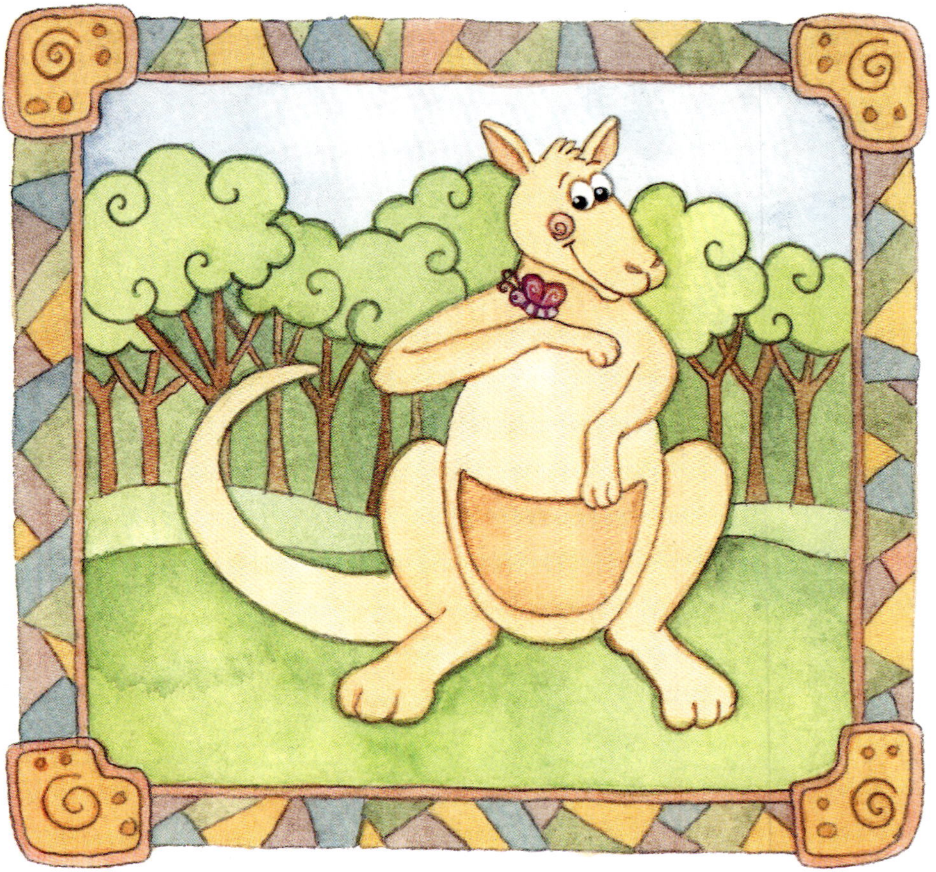

It is on a 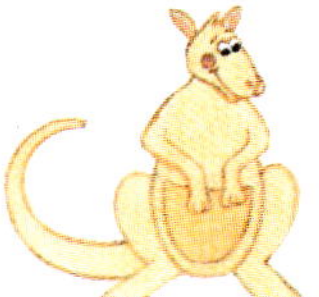 .

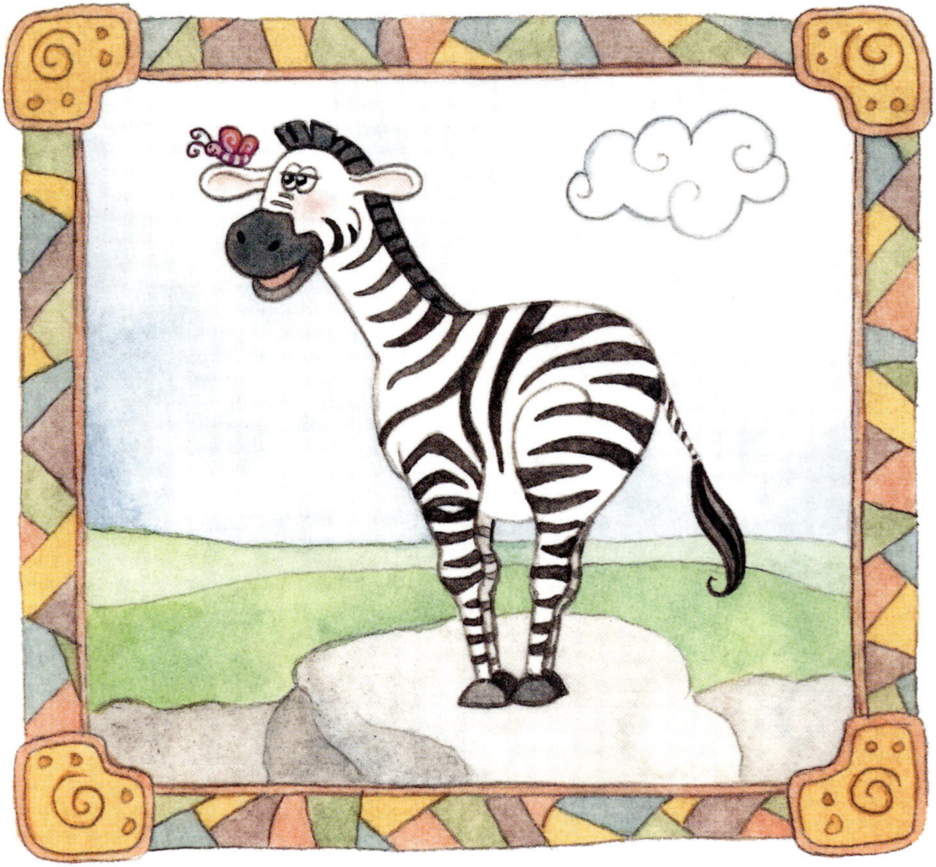

It is on a 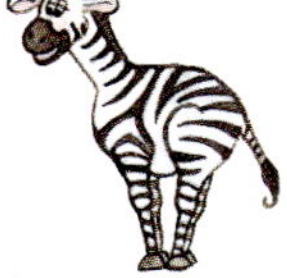 .

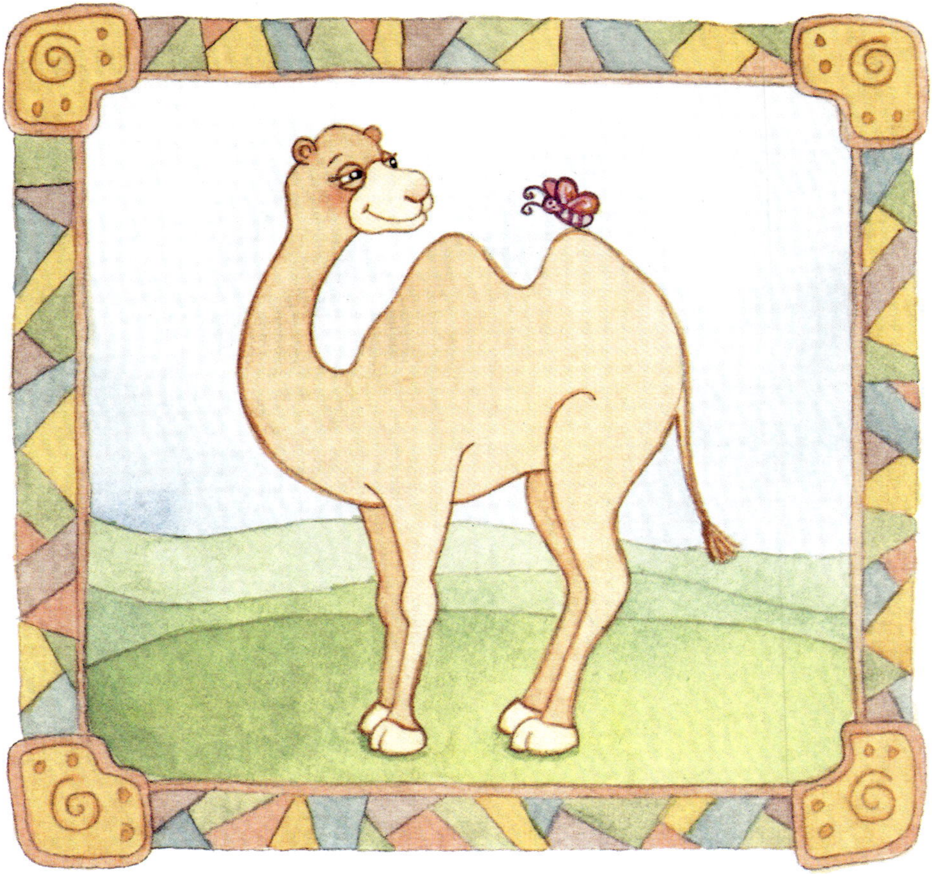

It is on a 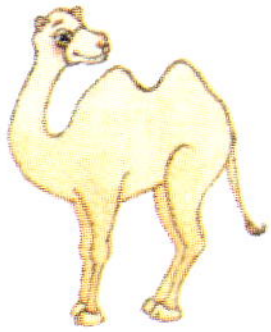 .

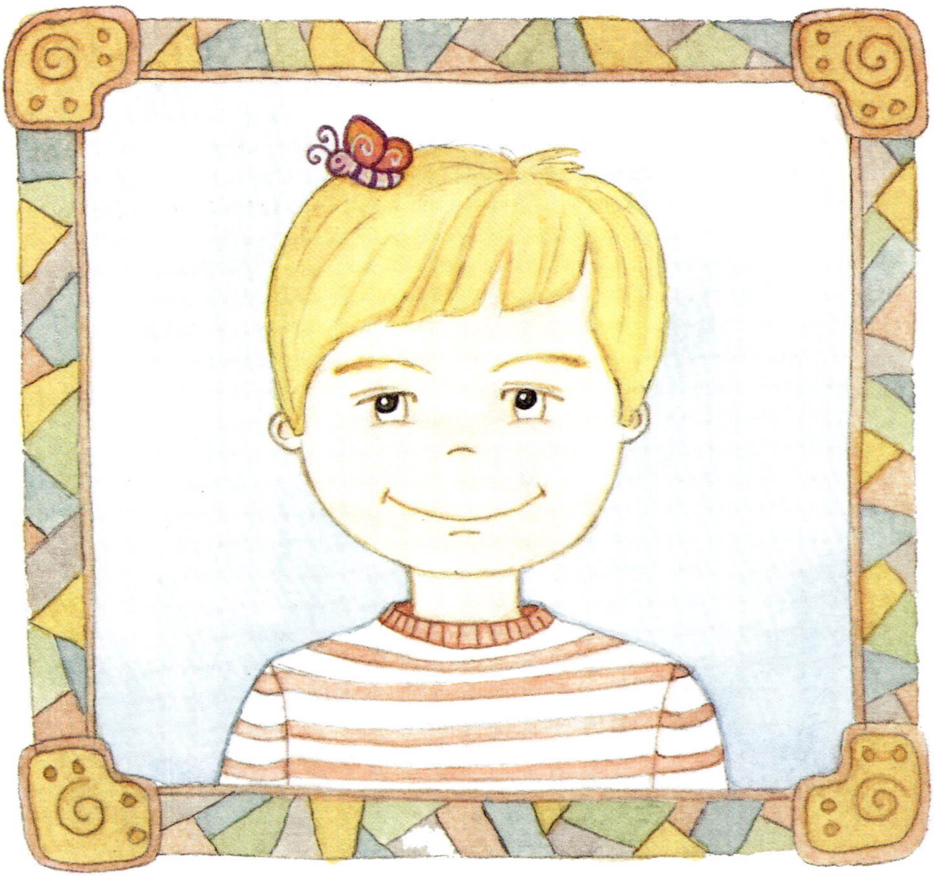

It is on me.